Paramahansa Yogananda
(1893-1952)

Forholdet mellem guru og discipel

af
Sri Mrinalini Mata

Den originale engelske titel er udgivet af
Self-Realization Fellowship, Los Angeles, California:
The Guru-Disciple Relationship

ISBN: 978-0-87612-360-7

Oversat til dansk af Self-Realization Fellowship

Copyright © 2022 Self-Realization Fellowship

Alle rettigheder forbeholdes. Med undtagelse af korte citater i boganmeldelser må ingen del af *Forholdet mellem guru og discipel* (*The Guru-Disciple Relationship*) gengives, opbevares, videregives eller vises på nogen måde eller ved nogen midler (elektroniske, mekaniske eller på anden vis) kendt på denne tid eller senere opfundet – både fotokopiering, optagelse eller ved noget opbevarings- eller indhentningssystem – uden først at få skriftlig tilladelse fra Self-Realization Fellowship, 3880 San Rafael Avenue, Los Angeles, California 90065-3219, U.S.A.

 Autoriseret af Self-Realization Fellowships
Internationale Udgivelsesråd

Self-Realization Fellowships navn og emblem (se ovenfor) findes på alle SRF's bøger, optagelser og andre publikationer, og forsikrer læseren om, at et værk er udgivet af det samfund som Paramahansa Yogananda stiftede, og at det nøjagtigt følger hans lære.

Første udgave på dansk, 2022
First edition in Danish, 2022
Dette tryk, 2022
This printing, 2022

ISBN: 978-1-68568-053-4

1964–J07500

— ✦ —

Der er en Kraft som vil lyse
din vej til sundhed, lykke,
fred og medgang, hvis du blot
vender dig mod det Lys.

– Paramahansa Yogananda

— ✦ —

Forholdet mellem guru og discipel

AF SRI MRINALINI MATA

En tale givet ved en forsamling i anledning af guldjubilæet for Self-Realization Fellowship i Los Angeles, den 7. juli 1970

Gud har sendt os ind i denne verden for at spille et guddommeligt drama. Som personliggjorte billeder af Herren Selv, har vores liv et specielt formål: at lære; og ved at lære, at vokse; og ved fortsat vækst til sidst at udtrykke vores sande natur og vende tilbage til vores oprindelige tilstand af enhed med Gud.

Når vi som barnesjæle begynder vores jordiske eventyr, opnår vi først vores viden ved forsøg og fejltagelse. Vi handler, og hvis resultatet er godt, så gentager vi handlingen. Men når en vis handling volder os smerte, søger vi derefter at undgå den.

Dernæst lærer vi at drage fordel af andres eksempel. Vi lægger mærke til, hvordan vores familie, vores venner og folk i vores samfund opfører sig, og vi lærer ved at analysere deres fejl og succeser.

Vores oplevelser fører os stadigt fremad. Vi søger dybere forståelse af vores jordiske liv, indtil den tid kommer for os alle, hvor vi for alvor begynder vores søgen efter Sandheden. Den, hvis bevidsthed har udviklet sig så vidt, spørger sig selv: "Hvad er livet?" "Hvad er jeg?" "Hvor kommer jeg fra?" Og Herren svarer en sådan søgende ved at drage ham til en lærer eller til bøger om religion og filosofi, som til at begynde med tilfredsstiller hans trang til at forstå. Når han lærer af andres viden, folder hans egen forståelse sig ud, og hans åndelige vækst fremskyndes. Han bevæger sig lidt tættere på Sandheden eller Gud.

Omsider bliver selv denne viden utilstrækkelig. Han begynder at længes efter en personlig erkendelse af Sandheden. Sjælen i ham får ham til at tænke: "Denne verden kan bestemt ikke være mit sande hjem! Jeg kan bestemt ikke bare være dette fysiske legeme; det kan kun være et foreløbigt bur. Der må være noget mere ved livet end det, som mine sanser nu opfatter, noget der eksisterer hinsides graven. Jeg har læst om Sandheden; jeg har hørt om Sandheden. Nu må jeg kende Den!"

Som svar på Sit barns nødråb sender den barmhjertige Herre en oplyst lærer, en som har erkendt Selvet og som ved, at Selvet er Ånd – en sand guru. Et sådant menneskes liv er et uhindret udtryk af det Guddommelige.

Definitionen på en sand guru

Swami Shankara[1] beskrev guruen således: "Der findes ingen sammenligning med en sand guru i de tre verdener. Hvis man antager, at de vises sten virkelig er en sådan, kan

---

[1] Indiens største filosof, som omordnede Indiens ældgamle Swami Orden (i det ottende eller tidlige niende århundrede e.Kr.). Swami Shankara var en sjælden blanding af helgen, vismand og handlekraftig mand.

den kun forvandle jern til guld, men ikke til en ny 'vises sten'. Den højtagtede lærer derimod skaber lighed med sig selv og den discipel, som søger tilflugt ved hans fødder. Guruen er derfor uden lige – ja, transcendental."

Paramahansa Yogananda, guru og grundlægger af Self-Realization Fellowship,[2] sagde: "Guruen er den opvågnede Gud, som vækker den sovende Gud i disciplen. Ved medfølelse og dyb indsigt ser den sande guru Herren Selv, som lider i dem, der er fattige i fysisk, mental og åndelig forstand. Det er derfor, han føler det som sin glædelige pligt at hjælpe dem. Han prøver at brødføde den sultne Gud i de nødlidende, at vække den sovende Gud i de uvidende, at elske den ubevidste Gud i fjenden, og helt at opvække den halvvågne Gud i den længselfuldt søgende. Ved en fin og kærlig berøring kan han øjeblikkeligt vække den næsten fuldt vågne Gud i den viderekomne sandhedssøger. En guru er af alle mennesker den mest rundhåndede. Som Herren Selv, kender hans gavmildhed ingen grænser."

Således beskrev Paramahansa Yogananda den sande gurus grænseløse forståelse, uendelige kærlighed og allestedsnærværende, altfavnende bevidsthed. De *chelaer*

---

[2] Direkte oversat "Fællesskabet for Selverkendelse". Paramahansa Yogananda har forklaret at navnet Self-Realization Fellowship betyder "Fællesskab med Gud igennem Selverkendelse, og venskab med alle sandhedssøgende sjæle".

(disciple) som havde det privilegium at kende Paramahansaji,[3] så at disse egenskaber kom til fuldt udtryk i ham.

Forholdet mellem guru og discipel

Universet er skabt af Gud og reguleres af en velordnet kosmisk lov, og forholdet mellem guru og discipel er baseret på den lov. Det er guddommeligt bestemt at den, som søger Gud, føres til Ham af en sand guru. Når en søgende inderligt ønsker at kende Gud, så kommer hans guru. Kun den, som kender Gud, kan love disciplen: "Jeg vil introducere dig for Ham." En sand guru har allerede fundet vejen til Gud; derfor kan han sige til sin *chela*: "Tag mig i hånden. Jeg viser dig vejen."

Forholdet mellem guru og discipel omfatter alle de discipliner og forskrifter for rigtig opførsel, som disciplen må følge for at forberede sig på at kende Gud. Når disciplen ved sin gurus hjælp fuldkommengør sig, så er den guddommelige lov opfyldt, og guruen introducerer ham for Gud.

Troskab mod guruen og hans lære

Det første princip i pagten mellem en guru og hans *chela* er troskab.

Egoet, bevidstheden og selvfremhævelsen af det lille "jeg" er det eneste, der holder os væk fra Gud. Forvis egoet, og i samme nu forstår man, at man er, altid har

---

[3] "Ji" tilkendegiver respekt og bruges i Indien som endelse på navne og titler.

været, og altid vil forblive ét med Gud. Egoet er en sky af uvirkelighed, som omgiver sjælen, og som tilslører og udvisker dens rene bevidsthed med endeløse vrangforestillinger om ens egen og verdens natur. En af følgerne af egoets vrangforestillinger er ustadighed. Efterhånden som sandhedssøgeren begynder at manifestere sin sjæls guddommelige egenskaber, bandlyser han den menneskelige naturs upålidelige tendenser og bliver trofast og forstandig.

Loyalitet til guruen er et af de vigtigste trin i discipelskabet. De fleste mennesker har ikke fuldkommengjort deres trofasthed selv mod deres eget kød og blod, eller overfor ægtemand, kone, eller ven. Det er derfor, at idéen om troskab overfor guruen ikke forstås fuldt ud. For at være en sand discipel, må en *chela* være tro mod den guru, som Gud har sendt ham: han må rette sig helt og fuldt efter sin gurus lære.

Trofasthed er ikke snæverhed. Det hjerte, som er trofast mod Gud og Hans repræsentant er storsindet, forstående og medfølende overfor alle skabninger. En søgende med ubetinget og uforbeholden troskab mod sin egen guru og hans lære, ser alle andre manifestationer af Sandheden i det rette perspektiv og giver dem behørig anerkendelse og respekt.

Paramahansaji talte tit om dette emne. Han sagde: "Mange er bange for at blive snæversynede før de har lært at være afbalancerede. Overfladiske sandhedssøgere ønsker at være tolerante, og tilsuger sig tankeløst forskellige idéer uden først at destillere sandhedskernen i dem ved erkendelse. Resultatet er et åndeligt svagt og udvandet sind. Skønt jeg betragter alle sande religiøse veje og alle sande åndelige lærere med kærlighed, så kan I se, at jeg er hundrede procent loyal overfor min egen vej."

"Alle sande religioner fører til Gud," sagde han. "Søg, indtil du finder den åndelige lære, som tiltrækker og fuldt ud tilfredsstiller dit eget hjerte; og når du én gang har fundet den lære, så lad intet igen rokke ved din trofasthed. Giv den vej din fulde opmærksomhed. Koncentrer hele din bevidsthed om den, og du vil opnå de resultater, som du søger."

Når han talte om loyalitet, så drog Gurudeva[4] Paramahansaji sommetider denne sammenligning: "Hvis du har en sygdom, så går du til læge, og han giver dig medicin for at helbrede din sygdom. Du tager medicinen med hjem og tager den efter lægens vejledning. Når dine venner kommer på besøg og hører om hvilken sygdom du har, så siger hver af dem sandsynligvis: 'Åh, jeg ved alt om den sygdom! Du må sandelig prøve det eller det middel.' Men hvis ti mennesker giver dig ti forskellige midler, og du prøver dem alle, så er din chance for helbredelse tvivlsom. Det samme princip gælder vigtigheden af loyalitet

---

[4] "Guddommelig lærer", det almindelige ord på sanskrit for ens åndelige vejleder.

mod guruens vejledning. Man må ikke blande åndelige lægemidler."

Guddommelig troskab betyder at samle sin adspredte opmærksomhed, hengivenhed og bestræbelse, og at koncentrere dem fuldt ud om det åndelige mål. Den trofaste discipel bevæger sig hurtigt fremad på vejen mod Gud. Paramahansaji udtrykte guruens rolle således: "Jeg kan hjælpe dig mere, hvis du ikke udvander dine kræfter. Samklang med guruen kommer ved hundrede procent troskab overfor ham og hans medhjælpere og hans gerninger; ved villig lydighed overfor hans råd (uanset om vejledningen er mundtlig eller skriftlig); ved at visualisere ham i det åndelige øje; og ved uforbeholden hengivenhed ... I sjælen af dem der er i harmoni med ham, kan guruen oprette et tempel for Gud." Kun ved trofasthed kan man effektivt koncentrere sine anstrengelser om at stræbe efter Gud. Den tro discipels bevidsthed magnetiseres af guddommelig kærlighed, og drages uimodståeligt mod Gud.

Lydighed udvikler skelneevne

Lydighed eller overgivelse til guruens vejledning er endnu en grundsætning i forholdet mellem guru og discipel. Hvorfor er det en guddommelig befaling? Mennesket må lære at adlyde en højere visdom, for at overvinde den anstødssten som består i egoets og dets selvskabte bedrag. Igennem talløse inkarnationer – fra den tid, da vi var de mest uvidende mennesker – har egoet fået sin vilje. Ved følelser og sansetilknytninger har det dikteret vores opførsel, vores anskuelser og hvad vi kan lide og ikke lide. Egoet trælbinder viljen og binder bevidstheden til den begrænsede menneskelige form. Ens bevidsthed er et stadigt offer for vekslende luner, sindsbevægelser og evigt skiftende sympati og modvilje, som konstant påvirker os med den ene eller den anden følelse. Hvad man særlig godt kan lide i dag kan virke helt anderledes i morgen, og så jager man efter noget andet. Denne vægelsindethed gør os blinde for opfattelsen af Sandheden.

En grundlæggende forudsætning for en *chelas* discipelskab er evnen til lydigt at underkaste sin udisciplinerede og lunefulde vilje for guruens visdom – at overgive sin egocentrerede vilje til guruens vilje, der er i harmoni med Gud. Den discipel som gør det, bryder det begrænsende egos kraftige greb. Da Paramahansaji kom til Swami Sri Yukteswars ashram som discipel, kom hans Guru næsten med det samme med denne anmodning: "Tillad mig at disciplinere dig; for fri vilje består ikke i at gøre alting alt efter hvad ens vaner i en tidligere tilværelse eller i dette liv dikterer, eller efter sindets luner, men i at handle i overensstemmelse med visdom og frit valg. Hvis du samstemmer din vilje med min, så finder du frihed."

Hvordan kan en discipel samstemme sin vilje med guruens vilje? Hver åndelig vej har sine egne forskrifter og forbud. *Sadhana* er det indiske ord for denne åndelige disciplin: guruen definerer det, som er nødvendigt for en *chela* at gøre eller ikke gøre i sin søgen efter Gud. Ved oprigtigt at følge disse vejledninger efter bedste evne, og ved stadige bestræbelser for at glæde sin guru ved rigtig opførsel, bryder disciplen alle de skranker, som egoet har oprettet mellem sin egen vilje og guruens vilje, sådan som den er udtrykt i hans vise forskrifter.

Ved lydighed overfor guruen finder disciplen, at hans vilje gradvist befries fra trælbindende egoistiske begær, vaner og luner. Og sindet, førhen så rastløst og flygtigt, er ikke mere adspredt og udvikler sin koncentrationsevne. Når sindet er rigtigt fokuseret, begynder disciplens indblik at klares. Slør efter slør af misforståelse og forvirring løftes. Utallige fejltrin som før syntes rigtige, men som kun bragte smerte, afsløres pludseligt i et blændende perspektiv af sandhed. Så *ved* disciplen, hvad der er rigtigt, hvad der er sandt: han er i stand til at skelne mellem godt og ondt. Paramahansaji forklarede, at skelneevnen er grundlaget for at kunne gøre det, som vi bør gøre, når vi bør gøre det.

For at få succes på åndens vej må den gudhengivne udvikle skelneevne; ellers vil hans instinkter, vekslende humør, vaner og gamle følelsesmæssige tendenser – samlet igennem inkarnationer – vedblive med at vildlede ham.

Indtil disciplens skelneevne er fuldt udviklet, er lydighed og overgivelse til guruens vejledning en *chelas* eneste håb om frelse. Det er guruens skelneevne, der redder ham. I Bhagavad Gitaen (IV:36) står der, at visdommens tømmerflåde bærer selv den største synder over forvildelsens hav. Ved at følge den *sadhana* som guruen foreskriver, bygger disciplen sin egen visdoms redningsflåde.

Disciplens lydighed må være oprigtig og helhjertet. Det er tåbeligt at ære guruen ved ord alene, og så fortsætte med at opføre sig som egoets dårlige vaner dikterer. Man snyder sig selv ved at snyde i sine bestræbelse på åndens vej.

Gurudeva gav de *chelaer,* som bad om hans disciplin dette simple råd: "Bed altid om at glæde Gud og guruen på alle måder." Disse ord beskriver i kort form hele *sadhanaen*. Men det er ikke så nemt at gøre. At glæde Gud og ens guru kræver mere end passiv kærlighed og påskønnelse af Gud, guruen og vejen. Selvom den kommer fra hjertet, er denne bøn ikke i sig selv nok til at behage Gud eller guruen. Paramahansaji fortalte os tit, at han ikke brød sig om at høre folk udbryde "Lovet være Gud! Lovet være Gud!", som om Herren var en slags forkælet dame, som elsker smiger. "Det glæder ikke Gud," sagde han. "Gud græder for os, og for alle Sine fortabte børn, som lider i vildfarelsens mørke." Gud og guru ønsker kun det højeste gode for os: frihed fra denne verdens forvirrende ubestandighed – sundhed og sygdom, behag og smerte, glæde og sorg – og en sikker havn i den uomskiftelige Ånds evigt nye lykke.

Derfor er måden at glæde Gud og vores guru på, at vi opfører os rigtigt, hvorved vi gør Dem i stand til at give os frelse. Vedvarende rigtig opførsel er på den anden side kun mulig ved lydighed og overgivelse til Gud igennem guruen som Hans redskab.

Respekt og ydmyghed
overfor Guds repræsentant

På altrene i Self-Realization Fellowships templer er der anbragt billeder af Jesus Kristus og Bhagavan Krishna, vores *paramguruer* Mahavatar Babaji, Lahiri Mahasaya og Sri Yukteswar; og vores guru Paramahansa Yogananda. Således viser vi ærbødighed og hengivenhed til dem som Guds redskaber, der bringer Self-Realization Fellowships budskab til verden. Den højeste form for respekt er ærbødighed, endnu en vigtig side af den guddommelige lov, som leder os til Gudserkendelse igennem forholdet mellem guru og discipel.

Hvor har mennesker i dag lidt respekt for Gud og medmennesket! Mange belastede unge mennesker mister respekten for alderens visdom, for samfundsordenen, og som følge deraf respekten for sig selv. Manglen på selvrespekt fører til moralsk forfald. Sand respekt for sig selv og andre kommer af at forstå ens guddommmelige oprindelse. Den, der kender sig selv som Selvet, en lille individuel gnist af Åndens flamme, ved også at alle andre mennesker ligeledes er et udtryk for Ånden. Han bøjer sig i glæde og ærefrygt for den Ene, som er i alle.

Når den hengivne udvikler agtelse for sin guru som Guds repræsentant, og for sine medmennesker som Guds billeder, så fremskynder han sin egen åndelige vækst. En respektfuld holdning til guruen skaber modtagelighed for Gud gennem guruen, og af modtagelighed kommer forståelsen af hvad der er ret og ædelt, som igen fører til ærbødighed for Gud og guruen. Når man endelig er i stand til at bøje sig for Noget andet end egoet, ikke alene rent fysisk, men af hele sit hjerte, så foregår der en indre forvandling; man udvikler ydmyghed. Egoet er som en massiv uigennemtrængelig fængselsmur om sjælen, om menneskets sande natur; og den eneste kraft der kan nedbryde denne mur er ydmyghed.

Alle I, som har læst *En yogis selvbiografi* husker, at Lahiri Mahasaya blev forbløffet, da han så *mahavataren* Babaji vaske fødderne på en almindelig sadhu ved en Kumbha Mela.[5] "Guruji!" udbrød han. "Hvad gør De her?"

"Jeg vasker denne askets fødder," svarede Babaji, "og bagefter skal jeg rengøre hans kogegrej. Jeg lærer den største af alle dyder, den, der behager Gud mere end nogen anden – ydmyghed."

Ydmyghed er den visdom, der anerkender Den, der er større end os selv. De fleste mennesker tilbeder deres ego. Men når disciplen i stedet bøjer sig for idealet af et større Selv, og for guruen som et redskab for det Guddommelige, hvis hjælp han søger for at erkende sit Selv, så finder han den nødvendige ydmyghed til at nedrive egoets fængselsmur. Han føler en stadig større guddommelig bevidsthed, som vælder op fra det større Selv.

---

[5] En religiøs fest som tusinde asketer og pilgrimme deltager i.

Det ydmyge menneske er i sandhed fredfyldt, i sandhed fuld af glæde. Han er uberørt af omskiftelig menneskelig opførsel og menneskelig kærlighed. Han bliver ikke såret, hvis hans venner svigter ham, eller af den ustadige natur af stilling og sikkerhed i denne verden. Alle tanker om personlig gevinst eller selvtilbedelse formindskes og forsvinder hos den ydmyge. De hellige skrifter siger: "Når dette 'jeg' dør, så ved jeg, hvem jeg er." Når egoet dør, så kan sjælen – billedet af menneskets indre sovende Gud – endelig vågne og udtrykke sig. Den hengivne manifesterer således i sit liv alle de guddommelige sjælsegenskaber, og er for evigt befriet fra *mayas* uvidenhed, fra den verdslige forblændelse som er pålagt alle, der spiller med i Guds skabelsesdrama.

Så husk: respekt skaber ærbødighed, og ydmyghed følger efter. Når den hengivne udvikler disse egenskaber, begynder han at ile mod Målet for sin åndelige søgen.

Troens kraft

Forholdet mellem guru og discipel fuldkommengør *chelaens* tro. Den verden vi lever i, er baseret på relativitet og er derfor omskiftelig. Vi ved ikke, om vores kroppe er raske eller udsat for sygdom fra den ene dag til den næste. Vi ved ikke, om vores kære, som er hos os i dag, er hos os i morgen, eller om de bliver taget fra denne jord. Vi ved ikke, om den fred vi har i dag, bliver lagt i grus af krig i morgen. Denne uvidenhed skaber stor usikkerhed i os. Det er grunden til, at der er så megen psykisk sygdom og så megen rastløshed i dag. Det er også derfor, at vi holder så blindt fast ved vores materielle besiddelser. Vi vil have en bedre stilling, et større navn, berømmelse og flere penge. Vi vil have et større hus, mere tøj, en ny bil. Vi tror, at alle disse ting vil give os sikkerhed i en verden fuld af frygt og usikkerhed. Vi griber efter simple genstande og gør dem til vores guder.

Sand tro kommer af at *opleve* sandheden og virkeligheden, fra direkte kendskab til og vished om de guddommelige kræfter, som opretholder hele skabelsen. Vi er usikre, fordi vi ikke har den tro. Jesus Kristus sagde: "Sandelig siger jeg jer, Hvis I har tro som et sennepsfrø, kan I sige til dette bjerg: Flyt dig herfra og dertil; så skal det flytte sig; og intet vil være umuligt for jer." (Matthæusevangeliet 17:20).

Vi begynder ikke at udtrykke troen i vores tilværelse, fordi det er svært for os blot at tro på "det, der ikke kan ses". Men sagen er, at man ikke kan have tro, før man har oplevet noget i livet, som ikke svigter. Forholdet mellem guru og discipel fører til den forsikring. Disciplen finder i sin guru den, der repræsenterer det Guddommelige: guruen lever efter guddommmelige principper; han udtrykker Guds ånd i sit liv; han er en legemliggørelse af "det, der ikke kan ses".

Guruen er også en manifestation af ubetinget guddommelig kærlighed. Han er den, som ligegyldigt hvad vi gør, aldrig ændrer sig i sin kærlighed til os. Vi ser, at vi kan stole på den kærlighed. Og når vi ser det udtrykt dag efter dag, år efter år, vokser vores tro på guruens kærlighed. Vi ser, at Gud har sendt en til os, som våger over os hvert øjeblik, dag efter dag, liv efter liv – en, som aldrig slipper os af syne. Dette er guruen, og vores tro på ham blomstrer, når vi erkender, at han er forenet med den evigt konstante, uforanderlige Ånd.

Forholdet mellem guru og discipel kræver disciplens fuldkomne tillid. Guruen siger til *chelaen*: "Mit barn, hvis du vil kende Gud, hvis du vil have styrke til at vende tilbage til Ham, så må du udvikle tro på Det, som du ikke kan se, og som du ikke kan berøre lige nu, Det som ikke kan erfares ved sanserne. Du må have tillid til Den usete, for Han er den eneste Virkelighed bag alt, som nu synes så virkeligt for dine begrænsede menneskelige sanser."

For at hjælpe disciplen med at udvikle tro, siger guruen: "Følg mig; blindt om det så skal være." Egoet svækker vores syn, men guruens syn er fejlfrit. Hans visdomsøjne er altid åbne. For ham er der ingen forskel mellem i går, i dag og i morgen. I hans guddommelige indsigt er der ingen forskel på fortid, nutid og fremtid. Paramahansaji sagde tit: "I Guds bevidsthed eksisterer tid og rum ikke; alt sker i det evige nu. Mennesket ser kun et lillebitte led i evighedens kæde, og dog tror han, at han ved alt." Guruen, som er ét med Gud, og hvis bevidsthed er befriet for de vrangforestillinger, der formørker det almindelige menneskes sind, ser evigheden. Han ser sine disciples nuværende tilstand, han ser hvad *chelaen* anstrenger sig for at blive, han ser de bestræbelser, som disciplen har gennemgået igennem mange inkarnationer, og han ser hvilke vanskeligheder, der ligger forude. Kun guruen kan sige: "Her er vejen til Gud." Selvom disciplen må følge blindt, så er hans vej tryg og sikker.

Lige fra begyndelsen af ens *sadhana* må man lytte og følge tillidsfuldt, selvom man ikke fuldt ud forstår visse dele af guruens lære. Gurudeva sagde sommetider, når en discipel begyndte at diskutere med ham om en anvisning, han havde givet: "Jeg har ikke tid til din logik. Gør bare hvad jeg sagde." I begyndelsen kunne dette ofte synes urimeligt for en *chela*. Men de, som adlød uden spørgsmål, så belønningerne af denne træning. Følg guruens lære, for han ser, han ved. Han vil lede dig indefra ved din opmærksomme og villige handling, når du udfører hans forskrifter. Tillid til guruen hjælper med at nære den almægtige troskraft i hans discipel.

Vi begynder at udvikle den tro, som er nødvendig for at kende Gud, når vi har en guru, som kan give os sikkerhed i Gud, og en hvis hånd vi kan holde med vished om, at vi bliver ført sikkert igennem *mayas* mørke.

Guruens hjælp

Guruen hjælper disciplen på utallige måder. Den vigtigste er måske, at han inspirerer sin *chela* ved at være et eksempel på guddommelige egenskaber: Han er "den tavse Guds talestemme"[6] og inkarnationen af den højeste visdom og reneste kærlighed; han legemliggør de sjælsegenskaber, der genspejler Gud; han symboliserer vejen og Målet. Kristus Jesus sagde: "Jeg er vejen, sandheden og livet" (Johannesevangeliet 14:6). Guruen er vejen; og som et perfekt eksempel på den *sadhana* som han giver til sine disciple, demonstrerer han de guddommelige sandhedslove og viser, hvordan de skal anvendes for at finde Gud. Han giver sin *chela* åndelig inspiration og livskraft til at følge den vej, der fører til et evigt liv i Gud.

Den nye discipel vil måske undskylde sig med, at fordi guruen er guddommelig, så kan hans *chela* ikke håbe at efterligne ham. Paramahansa Yogananda bad engang en sådan discipel om at gøre noget, som denne mente var for svært, og diciplen protesterede, at han ikke kunne gøre det. Paramahansajis svar var hurtigt og eftertrykkeligt.

"*Jeg* kan gøre det!"

"Men Gurudeva, *De* er Yogananda. De er ét med Gud." Disciplen forventede, at Paramahansaji ville sige: "Ja, du har ret. Tag dig bare god tid. Til sidst vil det lykkes dig."

Men Gurudeva svarede: "Der er kun én forskel mellem dig og en Yogananda. *Jeg* har gjort en indsats; nu skal *du* gøre en indsats!"

Paramahansaji tillod aldrig de disciple, som han

---

[6] Fra Paramahansa Yoganandas hyldest til sin guru, Swami Sri Yukteswar, i *Whispers from Eternity*, udgivet af Self-Realization Fellowship.

trænede, at sige "jeg kan ikke" og "jeg vil ikke". Han forlangte, at man skulle gøre en indsats.

"Livet er som en rivende flod," sagde Paramahansaji tit. "Når man søger Gud, svømmer man imod den strøm af verdslige tilbøjeligheder, som trækker sindet mod en begrænset materiel og sanselig bevidsthed. Man må gøre sig umage for hele tiden at svømme 'opstrøms'. Hvis man slækker på sine anstrengelser, så flyder man væk i forblindelsens stærke strøm. Man skal hele tiden anstrenge sig."

I de vediske skrifter står der, at disciplens åndelige bestræbelser kun udgør femogtyve procent af den åndelige kraft, som bringer hans sjæl tilbage til Gud. Guruens velsignelse giver endnu femogtyve procent. De sidste halvtreds procent skænkes ved Guds nåde. Således er guruens bestræbelser lige så store som den hengivnes, og Gud gør lige så meget som guruen og disciplen tilsammen. Skønt disciplens anstrengelse kun udgør en fjerdedel af det hele, så må han gøre sin del fuldt og helt, og ikke vente på først at modtage Guds og guruens velsignelser. Når den hengivne gør sin største bestræbelse for at gøre sit, så vil guruens velsignelser og Guds nåde automatisk være med ham.

Guruen hjælper også disciplen ved at påtage sig en stor del af hans karmiske[7] byrde. Guruen kan ligeledes på Guds befaling påtage sig en del af menneskehedens massekarma.

---

[7] Resultaterne af hvad man har gjort i denne eller en tidligere tilværelse; fra *kri*, som betyder "at gøre" på sanskrit. Se ordlisten.

"Menneskesønnen kom ikke for at lade sig tjene, men for at tjene, og for at give sit liv som løsesum for mange" (Matthæusevangeliet 20:28). Jesus lod sin krop korsfæste for at påtage sig en del af sine disciples personlige karma og noget af menneskehedens massekarma. Vi så tit denne evne demonstreret af Paramahansa Yogananda. Sommetider kom de symptomer, som han havde helet hos et andet menneske, for en tid til udtryk i hans egen krop. Under Koreakrigen skreg han af smerte, da han i *samadhi* led med de sårede og døende soldater på slagmarken.

Et fuldkomment spejl

Guruen virker også som et spejl, som viser et billede af disciplens karakter. Når den hengivne har sagt: "Jeg vil finde Gud", så påbegynder han vejen til fuldkommenhed, for for at erkende Gud må han igen udtrykke sin medfødte sjælsfuldkommenhed. Han må frigøre sig fra egoet og dets indflydelse på hans tanker og handlinger. Hvis disciplen står foran sin gurus spejl med ærbødighed, hengivenhed, tro, lydighed og overgivelse, så viser spejlet ham alle de personlige fejl og svagheder, som spærrer hans vej til Målet.

Skønt Paramahansaji så vores fejl og oprigtigt udpegede dem til modtagelige hengivne, så dvælede han aldrig ved disse svagheder. Han nævnte dem kun, når han måtte udøve disciplin for at sikre en discipels åndelige velfærd. Han koncentrerede sig først og fremmest om enhver discipels gode egenskaber. Hvis han irettesatte nogen, så tilføjede han: "Tænk dig om for at forstå din svagheds natur, dens årsag og virkning; og tænk så ikke mere på den. Tænk ikke hele tiden på din fejl. Koncentrer dig i stedet om at dyrke og udtrykke det modsatte gode træk."

Så hvis man er fuld af tvivl, skal man øve sig i at tro på Gud. Hvis man er rastløs, skal man bekræfte og dyrke fred: "Påtag dig den dyd, du mangler."[8]

Hvordan man følger guruen

Disciplen må lære at følge guruen ved at efterligne hans eksempel og ved trofast at følge den *sadhana*, han giver. Til at begynde med kan disciplen ikke gøre det fuldt og helt, men han må blive ved med at yde den nødvendige indsats, indtil det lykkes.

Tilhængere af Self-Realization Fellowship følger deres guru ved at indgyde den daglige videnskabelige meditation med hengivelse, og ved at afbalancere meditation med de rette handlinger. Som Paramahansaji lærte os fra Bhagavad Gitaen, må den rette handling, altså den gerning som minder os om Gud, udføres uden ønske om handlingens frugter, uden at søge resultater for en selv, men kun for at glæde Gud.

Nogle mennesker tror, at man lever i sin gurus nærværelse ved at tilbringe sine dage ved hans fødder i meditation i lyksalig *samadhi*, lyttende til hans visdomsord. Det var ikke den træning, som vi fik af vores guru

---

[8] *Hamlet*, 3. Akt, Scene IV.

Paramahansa Yoganandaji. Vi havde meget travlt og var tit helt optaget af at tjene. Gurudeva var utrættelig i sit arbejde for Gud og for menneskeheden; ved sit eksempel lærte han os at være fuldt ud dedikerede. At være åndelig betyder at frigøre sig for selvet og for selviskhed. Hvis han arbejdede hele natten, så arbejdede vi hele natten. Gurudevas grænseløse kærlighed til menneskeheden fandt aktivt udtryk i hans utrættelige arbejde for at tjene andre. Og dog mindede han os altid om at afbalancere arbejdet med den dybe meditation, som fører til samvær med Gud og til Selverkendelse.

Min lære skal være jeres guru

"Når jeg er gået bort," sagde Paramahansaji, "så skal læren være jeres guru. De, der trofast følger Self-Realization og lever efter denne lære, vil være i harmoni med mig, med Gud, og med de Paramguruer[9] som sendte denne lære." Ved Self-Realization Fellowships lære finder man al den vejledning og inspiration, som er nødvendig for trygt at følge vejen til Gud. Ethvert medlem af Self-Realization bør uafbrudt stræbe efter at følge Gurudevas råd. Hans lære gælder alle områder af vores tilværelse. For os skal den ikke blot være en filosofi, men en levevis. De, der uforbeholdent lever efter Paramahansajis lære kender ubetinget denne sandhed: Der er ikke nogen adskillelse

---

[9] Direkte betydning: "guruer hinsides"; her menes Swami Sri Yukteswar (Paramahansa Yoganandas guru), Lahiri Mahasaya (Sri Yukteswars guru) og Mahavatar Babaji (Lahiri Mahasayas guru).

mellem disciplen og hans guru. Om guruen er i fysisk form eller har forladt denne jord for at være i et astralt eller kausalt rige eller i Ånden hinsides, så er han altid nær for den discipel, der er i harmoni med ham. Denne harmoni fører til frelse. I sin enhed med Gud er en sand guru almægtig; han kan række ned fra himlen og hjælpe disciplen med at erkende Gud. Denne åndelige hjælp er guruens guddommelige og evige løfte. Stor er lykken for den discipel, der bliver ført til en sand guru. Endnu større er hans lykke, hvis han oprigtigt stræber efter fuldkommenhed ved lydighed og ægte hengivenhed overfor guruens lære.

Forholdet mellem guru og discipel varer evigt

En guru er allestedsnærværende. Hans hjælp, hans vejledning og hans lære varer ved, ikke blot de få år han lever på jorden, men for evigt. Hvor tit sagde vores guru ikke: "Mange sande hengivne er kommet i min livstid. Jeg genkender dem fra tidligere tilværelser. Og der kommer mange flere endnu. Jeg kender dem. De kommer, efter at jeg har forladt mit legeme." Guruens hjælp til oprigtige følgere holder ikke op, når han forlader sit legeme. Hvis det var tilfældet, ville han ikke være en sand guru. En sand gurus bevidsthed er evig: altid årvågen, altid lydhør, uforstyrret af livets og dødens døre, der åbner og lukker sig. Hans bevidsthed om disciplen og hans forbindelse med ham er uafbrudt.

Paramahansaji omtalte guruens evige ansvar, da han en dag talte om den tid, hvor han ikke længere ville være hos os i legemlig skikkelse: "Husk altid på, at når jeg forlader mit legeme, så kan jeg ikke længere tale til jer med denne stemme; men jeg vil vide hver tanke I tænker og hver gerning I udfører."

Ligesom Gud er allestedsnærværende, således er guruen også allestedsnærværende. Han ved, hvad der foregår i hver discipels sind og hjerte. "Jeg blander mig ikke i tilværelsen hos dem, der ikke ønsker det," sagde Paramahansaji, "men for dem der har givet mig ret til det og som søger min vejledning, er jeg altid til stede. Min bevidsthed er i harmoni med dem; jeg føler selv den mindste skælven i deres bevidsthed."

Selv da Gurudeva levede iblandt os i sit legeme, lærte han os, at vi ikke skulle være afhængige af hans personlighed, men stræbe efter at være i samklang med ham i sind og bevidsthed. Han beskæftigede sig med vores tanker og vores sindstilstand. På grund af denne harmoni, gør det i dag ikke nogen forskel om Gurudeva er til stede i fysisk form eller ej. Han er altid hos os.

Iblandt os her ved denne Halvtredsårsjubilæumsforsamling er der hundreder af mennesker fra mange verdensdele, som ikke har mødt Paramahansaji mens han levede. Men se hvor meget I alle har fået ud af Gurudevas lære i jeres oprigtige åndelige søgen! Hans velsignelser er kommet til jer, fordi han er allestedsnærværende, og fordi I har gjort jer modtagelige ved jeres hengivenhed, fordi I følger hans lære, og ved jeres troskab mod den organisation som han grundlagde. Disse gode handlinger og egenskaber har givet jer, hans disciple, en dyb åndelig harmoni med guruen, Paramahansa Yogananda.

Guru *diksha*

Forholdet mellem guru og discipel oprettes formelt ved Guds velsignelse, når disciplen modtager *diksha*, initiering eller åndelig dåb direkte fra sin guru, eller gennem den kanal guruen har etablereret. Ved en initiering er der en gensidig udveksling af ubetinget, evig kærlighed og troskab; et bånd formes ved disciplens løfte om fuldt og helt at acceptere og følge sin guru, og guruens løfte om at føre disciplen til Gud.

En del af denne *diksha* består i, at guruen skænker disciplen en åndelig teknik, som vil være disciplens vej til frelse, og som disciplen lover flittigt at udøve. I Self-Realization Fellowship betyder *diksha,* at man modtager Kriya Yoga, enten via en formel initieringsceremoni eller, hvis dette ikke er muligt for den søgende, så på *bidwat*, den uceremonielle måde.

Men ved udøvelsen af selv en så åndelig kraftfuld teknik som Kriya Yoga, mangler der dog en vigtig bestanddel uden den velsignelse, der kommer fra forholdet mellem guru og discipel. Guruen forklarer tydeligt de betingelser, som er nødvendige for at acceptere en hengiven som discipel. Initieringen skal derfor modtages på en måde, som opfylder disse krav, og som derved direkte forener disciplen med guruen; så begynder forholdets åndelige styrke at virke i den hengivnes liv.

Den store indiske digter og helgen Kabir lovpriste sin guru med disse ord:

Det er min sande gurus nåde, som har lært mig at kende det ukendte;

Af ham har jeg lært at gå uden fødder, at se uden øjne, at høre uden ører, at drikke uden mund, at flyve uden vinger.

Jeg har bragt min kærlighed og min meditation ind i det land, hvor der hverken er sol eller måne, hverken dag eller nat.

Uden at spise har jeg smagt nektarens sødme; og uden vand har jeg slukket min tørst.

Hvor fryden svarer mig, der er glædens fylde. For hvem kan denne glæde ytres?

Kabir siger: Guruen er stor over al beskrivelse, og stor er disciplens lykke.

Om forfatteren

Sri Mrinalini Mata var en af dem, der blev personligt trænet og udvalgt af Paramahansa Yogananda til at videreføre hans samfunds formål efter hans død. Hun var præsident og åndeligt overhoved for Self-Realization Fellowship/Yogoda Satsanga Society of India fra 2011 til sin død in 2017. Hun helligede mere end 70 år til uselvisk at tjene Paramahansa Yoganandas arbejde.

I 1945 mødte den fremtidige Sri Mrinalini Mata Paramahansa Yogananda for første gang i Self-Realization Fellowships Tempel i San Diego. Hun var dengang fjorten år gammel. Kun få måneder senere blev hendes ønske opfyldt om at hellige sit liv til at søge og tjene Gud, da hun med sine forældres tilladelse indtrådte i Sri Yoganandas ashram i Encinitas, Californien, som nonne i Self-Realization Fellowship.

Gennem daglig omgang i de følgende år (til Guruens bortgang i 1952), gav Paramahansaji den unge nonnes åndelige træning megen opmærksomhed. (Hun fuldendte også sin formelle uddannelse i de lokale skoler). Fra hendes tidligste år i ashramen forstod han og talte åbent til de andre disciple om hendes fremtidige rolle, og han trænede hende personligt til at udarbejde hans skrifter og taler til udgivelse efter hans død.

Mrinalini Mata (hvis navn henviser til lotusblomsten, der i Indien traditionelt betragtes som et symbol på renhed og åndelig udfoldelse) tjente i mange år som chefredaktør for Self-Realization Fellowhips bøger, *Lektioner* og tidsskrifter. Blandt de værker, der er udgivet som resultat af hendes arbejde, findes Paramahansa Yoganandas mesterlige kommentar til de fire evangelier (*The Second Coming of Christ: The Resurrection of the Christ Within You*); hans anmelderroste oversættelse af og kommentar til Bhagavad Gitaen (*God Talks With Arjuna*); flere bind af hans digte og inspirerende skrifter; og tre længere antologier af hans samlede taler og essays.

CD-indspilninger af Mrinalini Matas taler

Look Always to the Light

Living in Attunement With the Divine

The Yoga Sadhana That Brings God's Love and Bliss

Guided Meditation for Christmastime

Embracing and Sharing the Universal Love of God

Tuning In to God's Omnipresence

The Guru: Messenger of Truth

The Interior Life

If You Would Know the Guru

Paramahansa Yogananda
(1893-1952)

"Idealet om at elske Gud og tjene menneskeheden kom fuldt ud til udtryk i Paramahansa Yoganandas liv ... Selvom han tilbragte det meste af sit liv uden for Indien, indtager han stadig pladsen som én af vore største helgener. Hans arbejde vokser fortsat og drager overalt mennesker på Åndens pilgrimsrejse."

Fra den indiske regerings hyldest ved udstedelsen af et mindefrimærke til Paramahansa Yoganandas ære.

Paramahansa Yogananda blev født i Indien den 5. januar 1893. Han viede hele sit liv til at hjælpe mennesker af alle racer og trosretninger med at forstå den menneskelige ånds sande skønhed, ædelhed og guddommelighed, og med at udtrykke den mere fuldkomment i deres liv.

Efter at have dimitteret fra Calcutta University i 1915 aflagde Sri Yogananda det formelle munkeløfte i Indiens ærværdige monastiske Swami Orden. To år senere påbegyndte han sit livsværk med grundlæggelsen af den første "kunsten at leve"-skole – som siden er vokset til sytten uddannelsesinstitutioner over hele Indien – hvor traditionel akademisk viden blev videregivet sammen med yogatræning og instruktion efter åndelige idealer. I 1920 blev han inviteret til at deltage som Indiens delegerede ved International Congress of Religious Liberals i Boston. Hans tale til kongressen og efterfølgende forelæsninger på Amerikas østkyst blev modtaget med begejstring, og i 1924 foretog han en foredragstur på tværs af kontinentet.

Gennem de næste tre årtier bidrog Paramahansa Yogananda på vidtrækkende vis til større viden om og forståelse af Østens åndelige visdom i den vestlige verden. I Los Angeles etablerede han et internationalt hovedkvarter for Self-Realization Fellowship – det ikke-sekteriske religiøse samfund, som han havde grundlagt i 1920. Gennem sine skrifter og omfattende foredragsrejser, samt grundlæggelsen af utallige Self-Realization Fellowship templer og meditationscentre, indførte han flere hundrede tusinde sandhedssøgende i den ældgamle Yogavidenskab og -filosofi og dens alment anvendelige meditationsmetoder.

I dag fortsættes det åndelige og humanitære arbejde som Paramahansa Yogananda begyndte under ledelse af Broder Chidananda, præsident for Self-Realization Fellowship/Yogoda Satsanga Society of India. Ud over udgivelse af hans skrifter, foredrag og uformelle taler (som omfatter en udførlig serie af *Self-Realization Fellowship Lektioner* til selvstudie), fører organisationen også tilsyn med templer, refugier og centre rundt om i verden, de monastiske fællesskaber i Self-Realization Fellowship samt en Verdensomspændende Bedekreds.

I en artikel om Sri Yoganandas liv og arbejde skrev Dr. Quincy Howe, Jr., professor i Oldtidssprog ved Scripps College: "Paramahansa Yogananda bragte ikke kun Indiens evige løfte om Gudserkendelse til Vesten, men også en praktisk metode, gennem hvilken åndeligt stræbende fra alle samfundslag hurtigt kan nå målet. Før i tiden blev

Indiens åndelige arv opfattet på et abstrakt og ophøjet plan i Vesten. Men da læren nu er tilgængelig og kan praktiseres og opleves af alle, som stræber efter af kende Gud, ikke i det hinsides, men her og nu, har Yogananda formået at bringe de mest ophøjede meditationsmetoder indenfor alles rækkevidde."

Ordliste

ashram. Religiøs eremitbolig; tit et kloster.

astralverden. Den subtile verden af lys og energi som ligger bag det fysiske univers. Ethvert væsen, enhver genstand, enhver vibration på det fysiske plan har en astral genpart, for i det astrale univers (himlen) findes "blueprintet" for det materielle univers. En beskrivelse af den astrale verden og den endnu mere subtile kausale eller idémæssige verden findes i kapitel 43 af Paramahansa Yoganandas *En yogis selvbiografi*.

Aum (Om). Roden eller lydkernen af dette ord fra sanskrit symboliserer det aspekt af Guddommen, som skaber og opretholder alting; Kosmisk Vibration. Ordet *Aum* i Vedaerne blev til det hellige ord *Hum* blandt tibetanerne, *Amin* blandt muslimerne, og *Amen* hos egypterne, grækerne, romerne, jøderne og de kristne. Verdens store religioner erklærer at alt, hvad der er skabt, har sin oprindelse i den kosmiske vibrationsenergi fra *Aum* eller Amen, Ordet eller Helligånden. "I begyndelsen var Ordet, og Ordet var hos Gud, og Ordet var Gud ... Alt blev til ved Ham [Ordet eller *Aum*], og uden Ham blev intet til af det, som er" (Johannesevangeliet 1:1, 3).

avatar. Fra sanskritordet *avatara* ("nedstigning"), som betyder Guddommelighedens nedstigning i menneskelig form. Den, som opnår forening med Ånden og derefter vender tilbage til jorden for at hjælpe menneskeheden, kaldes en avatar.

Bhagavad Gita. "Herrens Sang". En del af det meget gamle indiske epos, *Mahabharata*, præsenteret i form af en samtale mellem Herren Krishna, en avatar *(se dette)*, og hans discipel Arjuna. Det er en dybsindig afhandling om Yoga-videnskaben og en tidløs forskrift for lykke og succes i hverdagslivet.

Bhagavan Krishna (Herren Krishna). En avatar *(se dette)*, som levede i Indien mange århundreder før den kristne æra. Hans lære om Yoga *(se dette)* er beskrevet i Bhagavad Gitaen. En af betydningerne givet for ordet *Krishna* i de hinduistiske skrifter er "Alvidende Ånd". Derfor er *Krishna*, ligesom *Kristus*, en titel der angiver denne avatars åndelige storhed – hans enhed med Gud. (Se *Kristus-Bevidsthed*).

guru. Åndelig lærer. *Guru Gitaen* (vers 17) beskriver rammende en guru som "den der fordriver mørket" (*gu* betyder "mørke" og *ru* betyder "det, der fordriver"). Skønt ordet *guru* tit bliver misbrugt som bare at betyde en lærer eller en der underviser, så er en sand Gudsoplyst guru et menneske, som ved at have opnået herredømme over sig selv har erkendt sin enhed med den allestedsnærværende Ånd. Et sådant menneske er enestående kvalificeret til at lede andre på deres indre åndelige rejse.

Den nærmeste danske oversættelse af *guru* er ordet *Mester*. Som tegn på respekt bruger Paramahansa Yoganandas disciple ofte dette ord, når de taler til ham eller om ham.

karma. Virkningen af tidligere handlinger fra det nuværende liv eller fra tidligere tilværelser. Loven om karma er loven om handling og reaktion, årsag og virkning, såning og høst. Ved deres tanker og gerninger skaber mennesker deres egen skæbne. Uanset hvilke kræfter en person har sat i gang, klogt eller uklogt, så vender disse kræfter tilbage til den pågældende person som deres udgangspunkt, ligesom en cirkel der uvægerligt fuldender sig selv. Et individs karma følger ham eller hende fra inkarnation til inkarnation, indtil den er opfyldt eller åndeligt besejret. (Se *reinkarnation*).

Kosmisk Bevidsthed. Det Absolutte; Ånden hinsides det skabte. Også tilstanden af forening med Gud både hinsides og indeni den vibratoriske skabelse i *samadhi*-meditation.

Krishna. Se *Bhagavan Krishna*.

Kristus-Bevidsthed. Guds bevidsthed som er udsendt og iboende i al skabelse. I de kristne skrifter kaldes den "den enbårne søn", det eneste rene billede i skabelsen af Gud Fader; i hinduernes skrifter hedder den *Kutastha Chaitanya*, Åndens kosmiske intelligens som er til stede overalt i skabelsen. Det er den universale bevidsthed, enhed med Gud, som Jesus, Krishna og andre avatarer manifesterede. Store helgener og yogier kender den som tilstanden af *samadhi (se dette)* meditation, hvori deres bevidsthed er blevet identificeret med intelligensen i alle dele af skabelsen; de føler at hele universet er deres egen krop.

Kristus-center. Centret for koncentration og vilje imellem øjenbrynene; sædet for Kristus-Bevidstheden og det åndelige øje *(se dette)*.

Kriya Yoga. En hellig åndelig videnskab som har sin oprindelse for tusinder af år tilbage i Indien. *Kriya Yoga* er en form for *Raja* ("kongelig" eller "fuldkommen") *Yoga* og indbefatter visse videregående meditationsteknikker, som fører til direkte personlig oplevelse af Gud. *Kriya Yoga* forklares i kapitel 26 af *En yogis selvbiografi* og gives til elever, som studerer *Self-Realization Fellowship Lektionerne* og som opfylder visse åndelige forudsætninger.

maya. Den illusoriske kraft, som er indbygget i skabelsens struktur, hvorved den Ene fremstår som mange. *Maya* er princippet om relativitet, inversion, kontrast, dualitet, modsatte tilstande eller "Satan" (på hebraisk direkte oversat som "modstanderen") hos Det Gamle Testamentes profeter. Paramahansa Yogananda skrev: "Sanskrit-ordet *maya* betyder 'den, der måler'. Det er den magiske kraft i skabelsen, som får det til at se ud som om den Umålelige og Udelelige har begrænsninger og opsplitninger ... I Guds plan og i Hans spil (*lila*), er Satans eller *mayas* eneste funktion at forsøge at føre mennesket bort fra Ånden og hen til det materielle, væk fra Virkelighed og hen til uvirkelighed ... *Maya* er Naturens slør af flygtighed ... det slør, som hvert menneske er nødt til at løfte for at kunne se Skaberen bag det, den Uforanderlige, evige Virkelighed."

paramahansa. En åndelig titel, der betyder en der har opnået den højeste tilstand af ubrudt fællesskab med Gud. Titlen kan kun skænkes af en sand guru til en kvalificeret discipel. Swami Sri Yukteswar gav denne titel til Paramahansa Yogananda i 1935.

reinkarnation. En diskussion af reinkarnation findes i kapitel 43 af Paramahansa Yoganandas *En yogis selvbiografi*. Kapitlet forklarer hvorledes menneskers tidligere handlinger sætter de virkninger i gang, der drager dem tilbage til dette materielle plan via loven om karma *(se dette)*. Igennem en række fødsler og dødsfald vender de igen og igen tilbage til jorden, for her at gennemgå de oplevelser som er frugterne af disse tidligere handlinger, og for at fortsætte en åndelig udvikling som i sidste ende fører til erkendelse af sjælens indre fuldkommenhed og til forening med Gud.

samadhi. Åndelig ekstase; oplevelse af overbevidstheden; i sidste instans forening med Gud som den altgennemtrængende højeste Virkelighed.

Satan. Se *maya*.

Selv. Stavet med stort for at betegne *atman*, sjælen, menneskets guddommelige essens i modsætning til det almindelige selv, som er menneskets personlighed eller ego. Selvet er individualiseret Ånd, hvis essentielle natur er evigt eksisterende, evigt bevidst, evig ny Lyksalighed.

Selverkendelse. Erkendelse af ens sande identitet som Selvet, ét med Guds universelle bevidsthed. Paramahansa Yogananda skrev: "Selverkendelse er at vide – i krop, sind og sjæl – at vi er ét med Guds allestedsnærværelse; at vi ikke behøver at bede om, at den skal komme til os, at vi ikke blot altid er nær ved den, men at Guds allestedsnærværelse er vores allestedsnærværelse; at vi er lige så meget en del af Ham nu, som vi nogensinde vil være. Vi skal blot forbedre vores erkendelse."

Yoga. Ordet *Yoga* (fra sanskrit *yuj*, "forening") betyder forening af den individuelle sjæl med Ånden; samt metoderne ved hvilke dette mål opnås. Der findes forskellige Yoga-systemer. Det, som Paramahansa Yogananda underviste i, er *Raja Yoga*, den "kongelige" eller "fuldkomne" yoga, som lægger vægt på udøvelse af videnskabelige meditationsteknikker. Vismanden Patanjali, fra gammel tid den største fortolker af Yoga, har angivet otte vigtige stadier igennem hvilke en *Raja Yogi* opnår *samadhi*, eller forening med Gud. Disse er (1) *yama*, moralsk opførsel; (2) *niyama*, overholdelse af religiøse forskrifter; (3) *asana*, rigtig kropsholdning til at dæmpe fysisk rastløshed; (4) *pranayama*, kontrol af *prana*, de subtile livsstrømme; (5) *pratyahara*, at vende sindet indad; (6) *dharana*, koncentration; (7) *dhyana*, meditation; og (8) *samadhi*, oplevelse af overbevidstheden.

åndeligt øje. Intuitionens og den åndelige opfattelses enkelte øje i *Kristus-centret* (*Kutastha-centret*) *(se dette)* mellem øjenbrynene; døren til højere bevidsthedstilstande. I dyb meditation bliver det enkelte eller åndelige øje synligt som en klar stjerne omgivet af en sfære af blåt lys, som igen er omringet af en strålende glorie af gyldent lys. De hellige skrifter beskriver dette alvidende øje henholdsvis som det tredje øje, stjernen i Østen, det indre øje, duen som nedstiger fra himlen, Shivas øje og intuitionens øje. "Hvis derfor dit øje er enkelt, er hele dit legeme lyst" (Matthæusevangeliet 6:22).

Yderligere oplysninger om Paramahansa Yoganandas Kriya Yoga lære

Self-Realization Fellowship ønsker at hjælpe sandhedssøgende fra hele verden. For oplysninger om vores årlige serie af offentlige forelæsninger og kurser, om meditationer og inspirerende gudstjenester i vores templer og centre over hele verden og for en liste over refugier og andre aktiviteter, er du velkommen til at besøge vores website eller vores Internationale Hovedkvarter:

www.yogananda.org
Self-Realization Fellowship
3880 San Rafael Avenue
Los Angeles, CA 90065-3219, U.S.A.
+1(323) 225-2471

Self-Realization Fellowship Lektioner

Personlig vejledning og instruktion fra Paramahansa Yogananda i teknikker til yogameditation og principper for åndelig livsførelse.

Læsere som er interesserede i Paramahansa Yoganandas åndelige lære inviteres til at modtage *Self-Realization Fellowship Lektionerne*.

Paramahansa Yogananda startede denne serie af hjemmestudier for at give oprigtigt søgende mennesker mulighed for at lære og udøve de urgamle teknikker til yogameditation som han bragte til Vesten – inklusive videnskaben om *Kriya Yoga*. *Lektionerne* indeholder også hans praktiske vejledning for at opnå afbalanceret fysisk, mentalt og åndeligt velvære.

Self-Realization Fellowship Lektionerne er tilgængelige for et mindre vederlag (til dækning af udgifter til trykning og porto). Self-Realization Fellowships munke og nonner giver alle studerende gratis personlig vejledning i *Lektionernes* praktiske udøvelse.

For yderligere oplysninger ...

Besøg venligst www.srflessons.org, hvor du kan rekvirere en gratis, omfattende informationspakke om *Lektionerne*.

Også udgivet af Self-Realization Fellowship ...

En yogis selvbiografi
af Paramahansa Yogananda

Denne berømte selvbiografi præsenterer et fascinerende portræt af en af vor tids store åndelige figurer. Med indtagende oprigtighed, veltalenhed og vid fortæller Paramahansa Yogananda sit livs inspirerende krønike – oplevelserne fra sin usædvanlige barndom, møder med mange helgener og vismænd gennem sin ungdommelige søgen igennem hele Indien for en oplyst lærer, ti års træning i en elsket yogamesters bolig, og de tredive år hvor han levede og underviste i Amerika. Han skriver også om sine møder med Mahatma Gandhi, Rabindranath Tagore, Luther Burbank, den katolske stigmatist Therese Neumann og andre berømte åndelige personligheder fra Østen og Vesten.

En yogis selvbiografi er både en smukt skrevet beretning om et enestående liv og en dyb introduktion til den ældgamle videnskab om Yoga og til meditationens ærværdige tradition. Forfatteren beskriver klart de fine men bestemte love, som ligger bag både hverdagens almindelige begivenheder og de usædvanlige begivenheder, som almindeligvis kaldes mirakler. Hans fængslende livshistorie danner baggrund for et gennemtrængende og uforglemmeligt indblik i menneskelivets grundlæggende mysterier.

Bogen er anset som en moderne åndelig klassiker.

Den er oversat til mere end halvtreds sprog og er hyppigt brugt som tekst og håndbog på colleger og universiteter. *En yogis selvbiografi* har været en bestseller siden den først blev udgivet for over 70 år siden, og har fundet vej til hjertet af millioner af læsere verden rundt.

"En enestående beretning." – The New York Times

"Et fascinerende og klart kommenteret studie." – Newsweek

"Man har aldrig før – på engelsk eller noget andet europæiske sprog – set en sådan beskrivelse af Yoga." – Columbia University Press

Bøger på dansk af Paramahansa Yogananda

En yogis selvbiografi

Loven om succes

Videnskabelige helbredende bekræftelser

Sådan kan du tale med Gud

Derfor tillader Gud det onde

Lev uden frygt

Lev sejrrigt

Bøger på dansk af andre forfattere

Forholdet mellem guru og discipel
af Sri Mrinalini Mata

Bøger på engelsk af Paramahansa Yogananda

Kan købes hos boghandlere eller direkte fra forlaget:
Self-Realization Fellowship
3880 San Rafael Avenue • Los Angeles, California 90065-3219
Tlf. +1(323) 225-2471 • Fax +1(323) 225-5088
www.srfbooks.org

Autobiography of a Yogi

The Second Coming of Christ:
The Resurrection of the Christ Within You
En afslørende kommentar om Jesus
og hans oprindelige lære.

God Talks with Arjuna:
The Bhagavad Gita
En ny oversættelse og kommentar.

Man's Eternal Quest
Første bind af Paramahansa Yoganandas
foredrag og uformelle taler.

The Divine Romance
Andet bind af Paramahansa Yoganandas
foredrag, uformelle taler og essays.

Journey to Self-realization
Tredje bind af Paramahansa Yoganandas
foredrag og uformelle taler.

Wine of the Mystic:
The Rubaiyat of Omar Khayyam —
A Spiritual Interpretation
En inspireret kommentar som kaster lys over den mystiske videnskab om samvær med Gud, der er skjult i Rubaiyatens enigmatiske billedsprog.

Where There Is Light:
Insight and Inspiration for Meeting Life's Challenges

Whispers from Eternity
En samling af Paramahansa Yoganandas bønner og guddommelige oplevelser i ophøjet tilstand af meditation.

The Science of Religion

The Yoga of the Bhagavad Gita:
An Introduction to India's
Universal Science of God-Realization

The Yoga of Jesus:
Understanding the Hidden Teachings of the Gospels

In the Sanctuary of the Soul:
A Guide to Effective Prayer

Inner Peace:
How to Be Calmly Active and Actively Calm

To Be Victorious in Life

Why God Permits Evil and How to Rise Above It

Living Fearlessly:
Bringing Out Your Inner Soul Strength

How You Can Talk With God

Metaphysical Meditations
Over 300 åndeligt opløftende meditationer, bønner og bekræftelser.

Scientific Healing Affirmations
Paramahansa Yogananda præsenterer her en dybtgående forklaring på videnskabelige bekræftelser.

Sayings of Paramahansa Yogananda
En samling af visdomsord og kloge råd, som viser Paramahansa Yoganandas oprigtige og kærlige svar til dem, der kom til ham for vejledning.

Songs of the Soul
Paramahansa Yoganandas mystiske digte.

The Law of Success
Forklarer dynamiske principper for at nå livets mål.

Cosmic Chants
Tekst (engelsk) og musik til 60 religiøse sange, med en indledning som forklarer hvorledes åndelig sang kan føre til fællesskab med Gud.

Lydindspilninger af Paramahansa Yogananda

Beholding the One in All

The Great Light of God

Songs of My Heart

To Make Heaven on Earth

Removing All Sorrow and Suffering

Follow the Path of Christ, Krishna, and the Masters

Awake in the Cosmic Dream

Be a Smile Millionaire

One Life Versus Reincarnation

In the Glory of the Spirit

Self-Realization: The Inner and the Outer Path

Også udgivet af Self-Realization Fellowship

Et udførligt katalog over alle Self-Realization Fellowships bøger, lydoptagelser og videoindspilninger kan fås ved forespørgsel.

The Holy Science
af Swami Sri Yukteswar

Only Love:
Living the Spiritual Life in a Changing World
af Sri Daya Mata

Finding the Joy Within You:
Personal Counsel for God-Centered Living
af Sri Daya Mata

Intuition:
Soul Guidance for Life's Decisions
af Sri Daya Mata

God Alone:
The Life and Letters of a Saint
af Sri Gyanamata

"Mejda":
The Family and the Early Life of
Paramahansa Yogananda
af Sananda Lal Ghosh

Self-Realization
*(et magasin grundlagt af
Paramahansa Yogananda i 1925)*

DVD (dokumentar)

AWAKE: The Life of Yogananda
En prisvindende dokumentarfilm om
Paramahansa Yoganandas liv og arbejde.

www.ingramcontent.com/pod-product-compliance
Lightning Source LLC
Chambersburg PA
CBHW031429040426
42444CB00006B/748